LA VIE DE SPINNER

TENTATIVE DE MEURTRE • COUPS ET BLESSURES AGGRAVÉS

EAST OAKLAND TIMES, LLC

X
EAST
OAKLAND

LA SÉRIE MY CRIME - LIVRE UN - LA VIE DE SPINNER

Bienvenue à la Prison Fédérale de San Quentin !

Venez faire la connaissance de notre nouveau pensionnaire. Il s'appelle Jay Jay et il a une histoire à raconter concernant traumatisme familial, addiction et criminalité.

Jay Jay a fait des allers-retours en prison pendant la majorité de sa vie. Il a inauguré son casier judiciaire à l'âge de douze ans, quand il a tabassé à mort un sans-abri avec son voisin.

Ne prenez pas cet air choqué, car, vous le verrez dans chaque livre de la série *My Crime,* tout crime a sa part de raison.

Les livres *My Crime* ne cherchent ni à justifier, ni à condamner les détenus dont ils racontent l'histoire. Leur objectif est de mettre à la portée de tous les expériences et les motivations des prisonniers.

En lisant *My Crime*, vous êtes seul juge. Et votre jugement ne portera pas seulement sur l'individu dont parle le livre, mais aussi sur les circonstances qui mènent quelqu'un à passer d'une vie normale à celle de criminel. Cette série vous présentera tous ces détenus impalpables, invisibles et racontera leur chemin de vie, pour que chacun puisse juger.

Chaque livre de la série *My Crime* est écrit sur d'un détenu, par un détenu. Chaque livre aborde la vie du Sujet, depuis son enfance jusqu'à son incarcération, en passant par le crime commis. Chaque livre, donc, vous offrira une chance de voir un paysage plus large que le Sujet en tant que seul criminel, le tout raconté et écrit par un autre détenu.

Les livres *My Crime* cherchent aussi à s'insérer dans le dialogue sur le crime et les peines.

En tant que citoyens de la démocratie, nous avons chacun des notions de bien et de mal qui nous sont propres, mais qui sont essentielles et à la racine de la façon dont nous nous position-nons politiquement. Idéalement, la justice rendue par les tribu-naux est celle qui respecte les valeurs de la majorité des citoyens. Si les citoyens acceptent la justice donnée par le gouvernement, ils en feront leur fierté.

En tant que société, nous manquons d'éléments pour avoir à coup sûr les bonnes réponses sur la juridiction et les sentences. La série *My Crime* vous permet d'écouter, en toute intimité, le témoignage d'un criminel et d'apprendre, comme si vous étiez sur le lit de dessous, ce qui a amené votre voisin à la prison.

Merci d'avoir acheté le premier livre de la série *My Crime*

Je vous invite également à aller sur le site Internet de la série pour y découvrir du contenu bonus pour ce livre et pour les autres, comme des interviews téléphoniques, les brouillons des livres, et d'autres bonus : www.crimebios.com

Enfin, je vous invite à lire la dernière page de ce livre pour savoir plus sur le producteur de la série *My Crime,* le *East Oakland Times, LLC.*

En liberté,

Tio MacDonald,

Rédacteur en chef

UNE NAISSANCE DIFFICILE

C'est mon cinquième séjour en prison. Je purge en ce moment ma septième année d'une peine de sept ans. J'ai été incarcéré pour dommages corporels aggravés et tentative de meurtre. J'ai visité deux prisons jusque-là. Mais je finis toujours par revenir à San Quentin, une prison qui a changé et a modelé ma vie.

Je m'appelle Jay Jay et je viens de Sunnyvale, en Californie. Je suis né à Santa Barbara (Californie), de mon adorable mère, Althéa. Aujourd'hui, j'ai cinquante-trois ans. En vieillissant, j'ai réalisé que l'introspection était la clé de tout. Je vais vous raconter mon histoire en essayant de garder ça en tête.

La famille de ma mère a fait partie des premiers à s'installer dans l'ouest. Ils ont voyagé à travers les anciennes frontières de l'Amérique. J'ai deux frères, et pas de sœur. J'avais un petit frère qui est décédé avant son premier anniversaire parce qu'il refusait le biberon et le sein. Les médecins n'ont jamais dit à ma famille ce qu'il avait. Je pense qu'ils ne savaient pas encore le diagnostiquer. Soit ça n'existait pas dans les registres, soit on n'avait pas encore de médicaments.

Certains voient leur naissance comme une bénédiction. Ma naissance a été de celles qui sont difficiles et qui auraient pu se terminer dramatiquement.

Ma mère, Althea Louise (Lou, pour les intimes) a rapidement eu des complications dues à la grossesse. Elle s'est remise à perdre du sang à trois mois de grossesse. Elle a décidé d'aller à l'hôpital. C'était l'hôpital Saint Francis à Santa Barbara. On l'a renvoyée chez elle, mais les pertes de sang n'ont jamais cessé. Tout le monde a dit que quelque chose n'allait pas. Mon père l'a amenée aux urgences. Ils se sont un peu disputés et ma mère a gagné. Ils ont fini par accepter ma mère et ils l'ont installée à l'hôpital. On n'avait pas les moyens d'avoir une mutuelle, une chambre privative était inenvisageable, donc ils l'ont mise dans une chambre avec une dame âgée.

Aider une femme à travers sa grossesse était difficile, à l'époque. Les méthodes étaient assez barbares. On l'a placée dans un lit, avec ses jambes dans des étriers, et on lui a donné des sédatifs. Ils ont mis plusieurs coussins sous ses jambes, ce qui permettait à son bassin de rester en hauteur, dans le but d'enlever un peu de la tension sur l'utérus causée par les jambes en l'air toute la journée. Avec un peu de chance, ça me forcerait à rester dans son utérus. Les médicaments la calmaient et elle est restée comme ça, dans cette position, pendant trois mois et demi.

Il y avait des infirmières qui s'occupaient d'elle. Elles étaient vraiment gentilles et venaient la voir pendant leurs pauses pour lui faire la conversation et lui raconter les derniers ragots et ce qui passait à la télé.

Mais malgré les médicaments et cette position particulière, ma mère continuait à avoir des douleurs et à perdre du sang, ce qui inquiétait beaucoup les docteurs. L'équipe médicale était convaincue qu'elle me perdrait avant la naissance.

Finalement, les médicaments ont perdu leur effet, et c'était la dernière frontière. Elle a senti de l'eau entre ses fesses et a compris qu'il était temps. Elle a retiré ses jambes des étriers et poussé les coussins par terre. Elle a perdu les eaux, et je suis arrivé.

✖ ✖ ✖

Mon enfance n'a pas été facile, et dès la naissance. J'avais deux mois et demi d'avance. À l'époque, environ vingt pour cent des cas comme les miens survivaient. Ma mère ne pouvait pas me tenir dans ses bras comme quand les autres mères accouchent. Ça la mettait en colère et elle criait. J'ai du mal à réaliser à quel point ça devait être bizarre pour elle. De voir son fils, son petit bébé, et de ne pas pouvoir le toucher.

J'étais si petit et rachitique qu'ils m'ont mis dans un incubateur. À l'époque, c'était la solution pour les enfants prématurés. Ça s'utilise toujours aujourd'hui, mais les enfants ont le droit à des sorties pour que le contact avec la mère ne soit pas rompu. Je n'ai pas eu cette chance, mais c'est quand même sans doute ce qui m'a sauvé la vie. L'incubateur ressemblait à un tube métallique qui respirait de l'air, air que je pouvais respirer à mon tour.

L'infirmière de service - avec ma mère - a prié le docteur de me laisser sortir.

L'infirmière avait dit à ma mère que mes chances de survivre étaient plus grandes si j'étais dans ses bras, et qu'elle avait vu beaucoup d'enfants mourir dans l'incubateur. La sensation de confort qu'une mère donne à son enfant est une chose que la médecine, et la science ne peuvent offrir. La question de quoi faire de mon cas a été à l'origine de quelques réunions pour le personnel de l'hôpital. Finalement, une semaine plus tard, j'ai été libéré de l'incubateur et rendu à ma mère.

Je ne saurais pas dire si être né a été une bénédiction ou une malédiction.

Mon vrai père n'était pas présent quand je suis né. Je ne l'ai rencontré que plus tard dans ma vie. Parce qu'il était à la Prison Fédérale de Lompoc pour fraude aux chèques. Il était d'origines écossaise et espagnole. Il s'appelait Jessie Elsworth. C'était un Marine et il a servi son pays en Corée. Ma mère disait qu'il voulait que je naisse le Jour des Vétérans. Mais toutes les complications ont fait que ça n'a pas pu être le cas. Je pense que la vérité, c'est qu'il est tombé amoureux d'une autre femme et qu'il a utilisé ça comme excuse pour se séparer de ma mère.

Je sentais que ma mère aimait mon père. Mais elle avait deux fils et elle était seule.

En fait, mon père avait volé le carnet de chèques et signé tous les chèques. À l'époque, c'était un crime. Il a été mis en garde à vue, puis en prison. Ma mère, elle, s'est mariée au fils de l'homme qui a accusé mon père biologique pour fraude. Ça nous a volé notre père.

J'ai un grand frère, Jimmy, qui a quatre ans de plus que moi. Jimmy et moi avons été très proche. En fait, on est demi-frères. Son père était dans l'armée et a servi son pays. Jimmy a voyagé pendant la majorité de son enfance. Mais même si j'étais plus jeune, et plus petit, il essayait de m'intégrer à sa vie.

À six ans, j'ai commencé à boire de l'alcool. Fort. Parce que j'avais vu mes parents le faire. Ils étaient différents quand ils buvaient. Ils devenaient drôles, et heureux, tout le temps. Ça m'a poussé à boire. Et puis, il faut dire que mes parents me donnaient souvent des petites doses, pour me calmer. Quand mon père m'envoyait mettre des glaçons dans son verre à la cuisine, je goûtais. Pur, l'alcool n'était pas bon. Mais avec des sodas, c'était délicieux. Alors, j'ai commencé à faire mes propres cocktails quand mon papa était absent.

Il n'a jamais remarqué que j'étais bourré quand il rentrait. Mais un jour, il a vu que la bouteille qu'il venait d'acheter était à moitié vide. J'étais tout seul, alors il en a tiré les conclusions qui s'imposaient. Il m'a demandé si j'avais bu sa liqueur. J'étais saoul, je parlais mal, et mon père m'a battu pour avoir volé son alcool.

Je ne sais pas s'il a jamais réalisé toutes les fois où j'avais dilué ses bouteilles à l'eau pour pouvoir boire à ses frais

2

LA VIE À LA MAISON

Malgré tout ce qui est allé de travers pendant mes premières années d'existence, il y avait une bonne chose. On vivait à Santa Clara, le genre d'endroits qu'on aurait pu voir dans *Mayberry*, un vieux feuilleton télévisé avec Andy Griffith et Ron Howard. C'était une petite ville avec une petite police. Il n'y avait que trois écoles. Je me suis fait plein d'amis et on jouait souvent. J'imagine que l'avantage d'une ville si petite c'est que les gens se connaissent si bien.

Il y avait des terrains vagues partout. On construisait des châteaux et des cabanes à côté. Il y avait plein de bois qui trainait et qui nous permettait de faire nos constructions. Il y en a même certains nommés d'après des généraux de la Seconde Guerre mondiale. Le nôtre, c'était MacArthur.

Le plus drôle, c'était les batailles de terre. Il y avait aussi des batailles de fruits, dans les champs. T'imagines te prendre un fruit pourri ? Ça avait une odeur particulière de vin de mauvaise qualité et de vinaigre.

Parfois, pendant les vacances, on se lançait des pétards. C'était autre chose. Il fallait l'allumer, puis le lancer, en faisant bien attention qu'il n'explose pas dans ta main. On ne voulait pas se faire du mal, on était juste des enfants qui s'amusent. Ça nous arrivait même d'envoyer des pétards au lance-pierre.

On était un peu fous, mais on était de bons enfants. On montait sur des trains sans savoir où ils allaient. Parfois, on descendait deux ou trois villages plus loin. On faisait la fête avec des sans-abris parce qu'on savait qu'ils nous donneraient à boire. Dans les autres villages, on allait juste voir les enfants du coin. Il y avait beaucoup de familles là où on habitait. Des portugais, des mexi-cains, des amérindiens, des italiens, des irlandais et des afro-américains. Et on n'avait aucun problème de vivre-ensemble. Quand par malheur on se disputait et on se battait, nos parents nous faisaient nous maquiller.

Notre église était bien. J'aimais bien le dimanche. J'ai jamais compris pourquoi ma mère mettait quarante-cinq minutes à me mettre du VO5 dans les cheveux sur le chemin de l'église. Elle me peignait, encore et encore. Et à la fin, ça revenait toujours en arrière. Les vieilles dames à l'Église cassaient tout en passant leurs mains dedans. Et c'était toujours pendant les cinq premières minutes.

Les vieilles dames m'énervaient, mais je trouvais l'idée d'une puissance divine intéressante. Les vieux demandaient à mon frère des choses du genre « Qu'est-ce que tu fais maintenant? » « Tu as toujours des A partout? » Moi, j'essayais de me cacher de ces gens-là.

Madame Evelyn, en particulier, était insupportable. Elle regar-dait autour d'elle, l'air de chercher, en disant « Où il est Jay Jay? », et puis quelqu'un disait « il est derrière toi ». Alors elle tour-nait sur elle-même et elle souriait. Alors, je me mettais à nouveau derrière elle pour qu'elle ne me voie pas. Je continuais jusqu'à ce que ma mère me gronde. Elle était pas là pour me punir. Ça, c'était mon père. Elle, elle criait ; lui, il frappait. Au début, c'était pas grand-chose, juste une fessée par mon papa.

Mes grands-parents s'appelaient Elsie Rose White et Edwin White. Ils ont eu un accident, ils se sont fait foncer dedans par un chauffeur saoul. La mère de ma mère est morte, mais son père a survécu.

Le frère de ma mère est décédé plus tard, d'une overdose d'héroïne. Peut-être parce qu'on a tous des traces de lupus, dans notre famille. Ça, c'est du côté de ma mère. Je ne connais vraiment pas ma famille du côté paternel. Tout ce que je sais, c'est que c'était un Marine. Mon frère Jimmy m'a dit que c'était un saoulard tyrannique.

Le seul homme que je connaissais en tant que père était un Navy Seal du nom de Jim. Il devait même aller aux Jeux Olympiques de 1972. Il aurait fait mordre la poussière à Mark Spitz. Il adorait l'eau. Dès qu'on allait quelque part, s'il voyait de l'eau, il devait s'arrêter, se déshabiller et faire trempette. Moi, je sais pas nager.

Un jour, alors qu'il campait à Russian River, il est tombé d'un bateau, à cause d'un rocher qui a tranché la coque. Tous les hommes essayaient de le rattraper, mais l'eau était trop froide et ils ne pouvaient pas laisser leurs mains dedans assez longtemps. Et puis, il est sorti de nulle part et a dit « Qu'est-ce qu'elle est froide, cette eau! » en rigolant. Il venait de Géorgie.

En toute honnêteté, je pense que j'ai ruiné la vie de mon père. En tout cas, s'il n'est pas devenu une star, c'est à cause de moi. Un jour, on roulait dans son camion de travail et on passait Washington Park. Il a sauté dans la piscine par-dessus la barrière. Comme d'habitude, il voit de l'eau, il dit « Je vais me baigner! » Mon frère passe la barrière lui aussi, ils me donnent la main et me ramènent avec eux. Mon père saute dans l'eau. Il commence à faire des tours dans l'eau, ce qui me fait penser qu'il se noie. Je saute dans l'eau pour sauver mon père. Sauf qu'il était à court de souffle, mais en voyant me débattre dans l'eau, il a préféré m'aider. Ça a causé un embolisme dans ses poumons.

Il est allé chez le médecin, les radios étaient de mauvais augure. Ils lui ont dit qu'il avait une fibrose et qu'il aurait des cicatrices permanentes. Il n'aurait aucun problème à vivre, non, mais le sport... c'était fini.

À cause de moi, le comité Olympique a remarqué cette tâche sur son poumon. Il a perdu sa seule chance de réussir dans le métier qui lui plaisait vraiment. Ça a commencé à causer des histoires dans la famille, entre son côté et celui de maman. Cette tâche l'a empêché d'aller aux Jeux Olympiques cette année. Quand il l'a découvert, il m'a frappé comme jamais.

Cette situation a été à l'origine d'un stress intense pour moi. À chaque fois qu'il me regardait, je sentais son mépris. Je trouvais un maigre réconfort en volant les fins de cigarettes. Je sais pas comment les gens commencent à fumer ou à se droguer, mais c'était comme ça pour moi.

3

LES ANNÉES 1970 ET LA
DÉCOUVERTE DE LA DROGUE

J'ai commencé à fumer de l'herbe et des cigarettes. Je trouvais la marijuana parce que je volais les fins de cigarettes dans le cendrier de la maison. Il suffisait de trouver celle qui avait du rouge à lèvres. J'ai essayé, j'ai senti que c'était différent. Une autre fois, j'en ai pris un autre, mais ce n'était pas non plus une cigarette. C'était un joint. Mon frère a reconnu l'odeur sur moi et m'a dit « Tu sais que t'as fumé de la weed. » Il me disait « Tu sais que tu vas avoir des problèmes... »

J'aimais vraiment l'herbe. Ça me faisait me sentir vivant. J'étais relaxé et je ressentais un calme comme jamais auparavant. Et surtout, je me faisais pas taper dessus pour avoir volé l'alcool de mon père. Il avait développé un test basé sur l'haleine pour savoir si j'avais bu. Je me souviens qu'il voulait me voir et m'appelait juste pour sentir mon haleine. Alors qu'avec la weed, je me faisais jamais attraper pour avoir consommé. Parce qu'il était pas capable de la sentir. En plus de ça, l'herbe me faisait moins sentir les coups de mon père sur mes fesses.

La première fois que j'ai sniffé, c'était de la coke. Mon frère venait d'acheter une voiture. Une Dodge Challenger, de 1974. J'étais sur la banquette arrière et on allait au cinéma voir « Up In Smoke », avec Cheech Marin et Tommy Chong. On aurait dit que tout le monde fumait de l'herbe là-bas. On fumait aussi de l'herbe. J'étais défoncé. Un ami de mon frère, Brian, a sorti de la coke. Bian avait travaillé à Pete's smoke shop, c'était un bureau de tabac. Les produits étaient vendus pour être utilisés avec du tabac, mais on les utilisait pour la drogue. Mon frère a pris un miroir de rétroviseur. La cocaïne était déjà dans un petit flacon. Il avait une paille et l'a utilisé pour sniffer la coke. La coke m'a réveillé. Je tremblais et je tenais plus debout. Je ne sentais plus mon visage. Et j'ai détesté, à cause de ça. Ça me rappelait le dentiste. Après ça, la coke a jamais été dans mon top des priorités.

Avant de fêter mes dix ans, j'avais eu l'occasion de tester beaucoup de drogues différentes. J'ai sniffé de la coke, mangé des champignons, pris du LSD, fumé beaucoup de weed et bu beaucoup d'alcool. Il n'y avait pas vraiment d'addiction à l'époque, juste de l'amusement. Ça m'aidait surtout à me détendre et à passer des bons moments entre amis.

J'étais assez respecté en tant qu'enfant, mais être le plus petit a toujours été un désavantage. Je leur arrivais au genou. Je sais pas si c'est à cause de ma naissance prématurée ou tout simplement génétique. Et puis j'ai eu un petit pic de croissance, petit à petit évidemment. Quand je prenais un centimètre, j'avais l'impression d'en prendre quinze.

On adorait jouer au baseball. Un de nos jeux préférés, c'était le « pickle ». On jouait au pickle avec tous les enfants du quartier. C'était un chouette jeu qu'on pouvait faire avec nos affaires de baseball. On mettait nos gants sur l'herbe et il fallait qu'ils lancent la balle entre eux pendant qu'on essayait de gagner une base.

Ce qui ennuyait vraiment ma mère, c'était qu'on vole ses pots à gelée. On prenait ses pots Welch's et on les utilisait comme des verres. On les remplissait d'alcool, on allait à la cabane et on fumait de l'herbe. Pour ma mère, le problème, c'était que je ne rapportais jamais les pots.

Ma mère m'a amené chez le médecin parce que j'étais hyperactif. C'était difficile pour moi de dormir toute une nuit. Le docteur m'a prescrit de la Dexedrine, en disant que ça aiderait. Ça m'a calmé, mais ça me faisait aussi de l'effet. J'ai commencé à en passer à mes amis pour se défoncer. Ils aimaient tous beaucoup ça. Moi, ça me faisait me sentir vivant. Ça m'aidait à me concentrer et à faire abstraction des choses qui se passaient autour de moi. Ma mère s'est rendu compte que des pilules disparaissaient et elle a décidé d'annuler ma prescription et d'arrêter de m'en donner. Elle disait qu'elle avait pas les moyens. Ça coûtait dix dollars la boîte, soit à peu près une semaine de nourriture. Quand j'ai arrêté les médicaments, j'ai eu plus de problèmes. J'ai découvert, seulement plus tard, que j'avais de vrais troubles de l'attention. À l'époque, ce n'était pas diagnostiqué. C'était au début du lycée.

Ma maman était super intelligente. Ça courait dans la famille. Mon frère faisait presque deux mètres à la fin du lycée. Il était intelligent, et moi aussi. Ce qui est fou, c'est que j'étais tellement intelligent que ça me rendait stupide.

Je me souviens de quand j'avais, genre, trois ans. À l'époque, la population à Santa Clara était assez faible et le paysage était rempli de vergers et de champs. Il y avait plein de noix, de cerises, de fraises et d'autres fruits. Et aucune porte pour empê-